8 Novembre 1910

VENTE POUR CAUSE DE DÉPART

De Monsieur X...

MOBILIER ARTISTIQUE

ESTAMPES DU XVIIIe SIÈCLE

FRANÇAISES ET ANGLAISES

TABLEAUX MODERNES

Bronzes d'Art et d'Ameublement

FAIENCES, PORCELAINES, IVOIRES JAPONAIS

ORFÈVRERIE, OBJETS VARIÉS

TAPIS

CATALOGUE

DU

Mobilier Artistique

MEUBLES ET SIÈGES

ANCIENS ET MODERNES

Provenant en majeure partie des maisons MAPLE
WARRING'S et JEANSELME

BUREAUX, BIBILIOTHÈQUE, VITRINE, CHAMBRE A COUCHER, SALLE A MANGER, ARMOIRE NORMANDE, COMMODE, ETC.

PIANO DROIT DE PLEYEL

ESTAMPES ANCIENNES ET MODERNES

FRANÇAISES ET ANGLAISES

TABLEAUX MODERNES

Par JOHN-LEVIS BROWN, CHÉRET, R. COLLIN, ROCHEGROSSE, ETC.

FAIENCES, PORCELAINES

ORFÈVRERIE

BRONZES D'ART ET D'AMEUBLEMENT

IVOIRES JAPONAIS, MATIÈRES DURES

OBJETS VARIÉS — TAPIS D'ORIENT

Appartenant à Monsieur X...

ET DONT LA VENTE POUR CAUSE DE DÉPART AURA LIEU

HOTEL DROUOT, SALLE N° 1

Le Mardi 8 Novembre 1910, à 2 heures

COMMISSAIRE-PRISEUR	EXPERTS
Me F. LAIR-DUBREUIL	MM. PAULME & B. LASQUIN fils
6, rue Favart	10, rue Chauchat | 11, rue Grange-Batelière

EXPOSITIONS PUBLIQUES

Les Dimanche 6 et Lundi 7 Novembre 1910, salle N° 1, de 2 heures à 6 heures.

CONDITIONS DE LA VENTE

Elle sera faite au comptant.

Les adjudicataires paieront *dix pour cent* en sus des enchères.

L'exposition mettant le public à même de se rendre compte de l'état et de la nature des objets, aucune réclamation ne sera admise une fois l'adjudication prononcée.

Paris. — Imp. de l'Art. Ch. Berger, 41, rue de la Victoire.

DÉSIGNATION

ESTAMPES

ANCIENNES ET MODERNES

1 — Quatre pièces encadrées sous verre.

2 — *The Shortening Winters day is near a close.*

Gravure anglaise.

BOILLY (D'après)

3 — *L'Amant favorisé* et *La Comparaison des petits pieds.*

Deux estampes coloriées, par Chaponnier.

Cadre en baguette, bois sculpté et doré. Époque Louis XVI.

CARESME (D'après)

4 — *Le Satyre impatient.*

Estampe en noir, gravée par J.-L. Anselin.

DEMARTEAU

5 — *Bacchanales.*

Deux estampes en couleurs (nos 542-543), d'après Caresme.

DYCK (D'après Van)

6 — *Portrait de Charles Ier, roi d'Angleterre.*

Estampe en noir, gravée par Strange.

JANINET

7-8 — *Vénus en réflexion. — Vénus désarmant l'Amour.*

Deux estampes en couleurs, faisant pendants, d'après Charlier.

Cadre en bois sculpté doré de style Louis XVI.

MONNET (D'après)

9 — *Les Baigneuses surprises.*

Estampe en noir ; épreuve *avant la lettre*, gravée par Vidal.

MOUCHET (D'après)

10 — *L'Illusion.*

Estampe en couleurs, gravée par Darcis.

ROPS (Félicien)

11 — *Reître galant.*

Eau-forte.

ÉCOLE ANGLAISE

12 — *Portrait de Femme debout.*

En costume Empire, appuyée sur une balustrade.
Estampe anglaise en couleurs.
Cadre en bois sculpté doré Louis XVI.

13 — Sous ce numéro, cinq gravures anglaises coloriées.

TABLEAUX MODERNES

PASTELS

BROWN (John-Lewis)

14 — *Bataille de chiens.*

Toile. Signée et datée.

CHÉRET

15 — *Scène de la Comédie de Molière.*

Pastel.

COLLIN (Raphael)

16 — *Première Pensée de l'artiste pour les chansons de Bellidisse.*

Esquisse en camaïeu.
Toile. Signée.

DELPY

17 — *Paysage, avec rivière, chaland et barque.*

Panneau.

ROCHEGROSSE (G.)

18 — *Bohémienne.*

Toile. Signée et datée : *1905.*

FAIENCES, PORCELAINES

19 — Six plats ou assiettes variés en faïence ou porcelaine.

20 — Petit vase porte-bouquet en céramique.

21 — Paire de vases couverts en faïence décorée.

22 — Vase couvert, à piédouche, en biscuit de Weedgwood ; décor de carrelages, feuillages et petits bas-reliefs.

23 — Six assiettes, décorées de sujets de chasse, par *R. Dawis. Maison Haviland.*

24 — Plat long, décoré d'un poisson au naturel, par *R. Dawis. Maison Haviland.*

25 — Paire de petites bouteilles, à long col à renflement, en céramique flammée de *Deck.*

26 — Groupe de coq et poule, émaillé au naturel. Céramique de *Deck.*

27 — Plat décoratif, émaillé en couleurs, représentant un héron près d'iris aquatiques. Céramique de *Deck.*

28 — Deux tasses et soucoupes en porcelaine de Saxe, décorées en couleurs.

29 — Plat ovale à bord contourné en ancienne faïence de Rouen, décor à la double corne : oiseaux, papillons et fleurs.

30 — Plat creux en ancienne faïence hispano-mauresque, décoré d'un oiseau et de feuillages.

31 — Trois plats en ancienne faïence persane, décors variés.

32 — Statuette de Mousmée en porcelaine du Japon.

33 — Plat en ancienne porcelaine du Japon, décor bleu.

34 — Deux plats en ancienne porcelaine de la Compagnie des Indes, décorés en émaux de couleurs et dorure de volatiles et fleurs.

35 — Deux assiettes en ancienne porcelaine de la Compagnie des Indes, décorées de fleurs en couleurs.

ORFÈVRERIE

36 — Samovar avec sa lampe en argent. *Maison Soufflot.*

Poids, 3 kilogs.

37 — Surtout de table en argent, simulant une terrasse à balustres. *Maison Voisenet.*

38 — Service à thé et café en argent, comprenant : théière, cafetière, sucrier, crêmier ; sur un plateau. *Maison Soufflot.*

Poids, 7 kilogs 550.

39 — Porte-huilier en argent. *Maison Soufflot.*

Poids, 779 grammes.

40 — Service de table en argent, comprenant : dix-huit cuillères ; trente-six fourchettes ; trente-six couteaux, manches en argent ; dix-huit couverts à dessert ; dix-huit couteaux à dessert, lames en acier ; dix-huit couteaux à fruits, lames en argent ; dix-huit cuillères à café ; un service à découper ; douze couverts à poisson, gravés ; douze fourchettes à huîtres ; douze cuillères à glace, gravées ; quatre pièces hors-d'œuvre ; cuillère à potage ; couvert à salade ; pelle à tarte ; service à poisson ; pelle à fraise ; cuillère à sucre ; pince à sucre ; huit salières simples,

petits salerons individuels ; paire de ciseaux à raisins ; pince à asperges à ressorts ; huit pelles à sel ; moutardier ; moulin à poivre. Le tout contenu dans un coffre en chêne avec coins en cuivre et intérieur garni en peau de chamois.

Poids, environ 16 kilogs 500, y compris les manches de couteaux et autres pièces fourrées.

IVOIRES SCULPTÉS JAPONAIS

MATIÈRES DURES CHINOISES

41 — Quatre netskés en ivoire japonais.

42 — Groupe de deux personnages : Marchands de poissons, en ivoire sculpté. Travail japonais.

43 — Groupe : Marchand ambulant, en ivoire sculpté japonais.

44 — Importante statuette en ivoire, travail japonais, figurant le Dieu de la Force. Socle en bois de fer sculpté et ajouré.

45 — Groupe de montreur de singes et enfant en ivoire sculpté japonais.

46 — Statuette de jongleur, avec singe, en ivoire sculpté japonais.

47 — Statuette de jardinier portant une corbeille en ivoire sculpté japonais.

48 — Groupe équestre de guerrier japonais en carton et étoffe.

49 — Petite coupe en quartz rose.

50 — Petit flacon à tabac en cornaline.

51 — Statuette de divinité en jade sculpté, sur socle en bois de fer ajouré. Travail chinois.

52 — Statuette de divinité en cristal de roche. Travail chinois.

OBJETS VARIÉS

53 — Petit vase antique, à anse en verre, à reflets irisés.

54 — Figurine de divinité égyptienne en bronze.

55 — Théière de forme aplatie, à anse, en émail cloisonné ; décor de rinceaux et papillons.

56 — Manuscrit persan, livre de prière, avec titres enluminés et dorures. Reliure en maroquin, rehauts d'or.

57 — Aiguière en étain, décorée en relief de satyre et bacchantes, par *Noël Ruffier*.

58 — Lot d'armes orientales, onze pièces : fusils, pistolets, haches, etc...

59 — Baromètre enregistreur.

60 — Éventail en bois de santal découpé.

61 — Appareil téléphonique.

62 — Importante batterie de cuisine en cuivre : casseroles, sauteuses, marmite, bassine, etc...

BRONZES

D'ART ET D'AMEUBLEMENT

LUSTRES, PENDULES, TERRES CUITES

63 — Statuette de jeune Napolitaine, portant une cruche, en bronze, de *Renda*.

64 — Statuette de saint Jean-Baptiste en bronze, de *Dubois. Édition Barbedienne.*

65 — Groupe en bronze patiné et bronze doré, représentant une course en char romain, par *Lecourtier, 1905.*

66 — Écritoire en marbre, munie de deux godets et ornementée d'une statuette de femme drapée en bronze, par *Barrias*.

67 — Pendule en marbre de couleurs et bronzes dorés, en forme de portique à colonnettes accotées de consoles. Socle orné d'entrelacs de feuillages. Époque Louis XVI.

68 — Paire de girandoles à bouquet de quatre lumières en bronze argenté. Style Louis XVI. *Maison Voisenet.*

69 — Flambeau électrique en bronze, de style Louis XVI, muni d'un abat-jour mobile, sur une tige.

70 — Paire de flambeaux à deux lumières en bronze ciselé et doré. Style Louis XVI.

71 — Lampe électrique de chevet, faite d'un groupe de deux personnages, en porcelaine de Saxe, sur terrasse en bronze, à branchages fleuris.

72 — Lustre de salle à manger à plafonnier, et douze bras de lumières, en bronze, de la *Maison Millet.*

73 — Plafonnier électrique en bronze et enfilage de cristaux.

74 — Plafonnier électrique en bronze, avec enfilages de cristaux.

75 — Lustre électrique à six lumières en cuivre, art nouveau. *Maison Maple.*

76 — Veilleuse électrique en bronze doré, simulant un puits enguirlandé de vigne. Sur la margelle, statuette de jeune femme nue, figurant la Vérité. Socle en marbre.

77 — Paire de landiers en fer et fonte. Style Renaissance.

78 — Paire de petits chenets en bronze, modèle à vases et guirlandes de draperies. Style Louis XVI.

79 — Chenets en cuivre, à pieds griffes.

80 — Ustensiles de foyer.

81 — Galerie devant de feu en cuivre ajouré, ornée de rosaces.

82 — Statuette en terre cuite, d'après Clodion : Baigneuse.

83 — Groupe en terre cuite, d'après Clodion : la Balançoire.

MEUBLES ET SIÈGES

84 — Commode à deux tiroirs en bois sculpté, ornée de bronzes. XVIIIe siècle.

85 — Miroir Brot à trois glaces, dans un encadrement en noyer sculpté. Style Louis XVI.

86 — Vitrine murale, à pans coupés, en citronnier sculpté et filets de bois de violette. *Maison Maple.*

87 — Ameublement de salle à manger, comprenant : table à allonges, grand buffet à trois portes et étagères à colonnettes, buffet-dressoir et neuf chaises en noyer sculpté, de style Renaissance. *Maison Jeanselme.*

88 — Horloge en noyer sculpté, de style Renaissance ; cadran métallique avec mouvement à carillons. *Maison Jeanselme.*

89 — Armoire normande en bois sculpté. Époque Louis XVI. Capitonnée intérieurement.

90 — Bibliothèque à deux corps. La partie supérieure ouvre à quatre portes vitrées. Le corps inférieur, à quatres portes pleines. En acajou et filets de citronnier, corniche ornementée, surmontée d'un fronton mouvementé et ajouré. *Maison Maple.*

91 — Bureau rectangulaire, ouvrant à cinq tiroirs et tirettes, en acajou, filets de citronnier. *Maison Maple.*

92 — Chambre à coucher en acajou mouluré, orné de bronzes dorés, de style Louis XVI, comprenant : armoire à glaces à deux portes, lit et deux tables de nuit ovales. *Maison Jeanselme.*

93 — Petite table rectangulaire, à pieds cannelés, en acajou, ornée de bronzes. Style Louis XVI. *Maison Jeanselme.*

94 — Deux petites chaises, à siège canné et dossier ajouré, en acajou, ornées de bronzes. Style Louis XVI. *Maison Jeanselme.*

95 — Table à soda et à liqueurs en chêne et noyer sculpté et verni, à deux volets pliants et abattants, renfermant un service à liqueurs et ustensiles de fumeurs, comprenant : cinq flacons et dix-neuf verres de grandeurs variées. *Maison Maple.*

96 — Petite table rectangulaire, à tiroir, en acajou.

97 — Table à jeu demi-circulaire en acajou.

98 — Table de nuit en acajou. Style moderne.

99 — Petite table d'antichambre en bois peint; dessus de marbre et tablette cannée.

100 — Petite table rectangulaire en noyer.

101 — Porte-manteau en bois sculpté peint, de style Louis XVI, muni d'une glace biseautée et de patères en cuivre.

102 — Grand lit en cuivre, avec sommier, matelas bordé et couverture piquée.

103 — Glacière en chêne.

104 — Machine à coudre Singer.

105 — Grande armoire à deux portes à coulisses, en bois peint.

106 — Piano droit, de *Pleyel*, en noyer ciré. Numéro 145.048.

107 — Quatre chaises en acajou et filets en citronnier, à dossier ajouré. *Maison Maple.*

108 — Canapé capitonné en cuir.

109 — Grand fauteuil à dossier articulé en acajou, muni de deux coussins en velours jaune chiné. *Maison Maple.*

110 — Fauteuil confortable, capitonné en cuir.

111 — Fauteuil à oreilles, à pieds et traverses torses, en chêne. Il est recouvert en velours rouge à côtes. *Maison Waring's Gillow.*

112 — Banquette d'antichambre, cannée, en bois peint blanc.

TAPIS D'ORIENT ET AUTRES TENTURES

113 — Store en toile brodée et filet vénitien.

114 — Garniture de baie et dessus de table en peluche soutachée.

115 — Grande carpette d'Orient, de style persan, à semis d'animaux et fleurettes sur fond crème. Rosace centrale. Bordures multicolores.

Long., 4 m. 45 ; larg., 3 m. 30.

116 — Tapis-carpette en smyrne, fond rouge, dessins bleus.

117 — Tapis de mosquée, d'Orient, à fond rouge, avec lampe dans un portique. Bordures multicolores.

118 — Carpette d'Orient, style persan, fond clair. Bordures multicolores.

119 — Tapis de prière, d'Orient, en soie veloutée, à fond vert. Bordures multicolores.

120 — Tapis de prière, d'Orient, en soie veloutée, à fond rouge. Bordures multicolores.

121 — Objets omis.

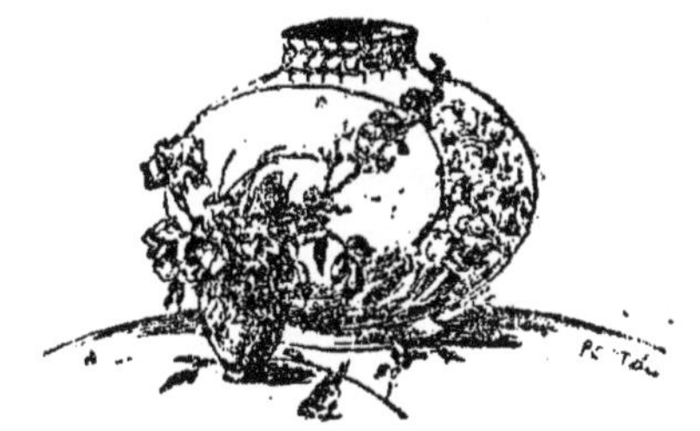

VENTE POUR CAUSE D'INDIVISION

DEBUCOURT (P.-L.)

Les Deux Baisers (Mre Fenaille, No 7)

Gravure en couleurs d'après le tableau peint par Debucourt et exposé au salon de 1785 sous le titre : *La Feinte Caresse*, no 115.

Belle épreuve imprimée en couleurs, remargée, avec lettre manuscrite.

Cadre fait de baguettes anciennes Louis XVI en bois sculpté doré.

www.ingramcontent.com/pod-product-compliance
Ingram Content Group UK Ltd.
Pitfield, Milton Keynes, MK11 3LW, UK
UKHW020539180726
13839UKWH00006B/2613